Eric KPODZRO

Tempête au temps calme

(poésie)

Eric KPODZRO

Tempête au temps calme

Edition : BoD - Books on Demand
12/14 rond-point des Champs Elysées
75008 ParisImprimé par BoD – Books on Demand, Norderstedt
ISBN :9-782322 126 576
Dépôt légal : **janvier 2019**

« Tout part du peuple, et rien d'autre. »

Préface

Alors que le tumulte règne autour de nous, il peut exister au fond de soi un asile de paix, une vraie oasis où règnent tranquillité et sérénité. Loin de chez soi, suivant à la lettre les consignes de convalescence, je suis happé par la cadence électorale. Le pays est en pleine mutation. Va-t-il basculer dans la politique du repli ? Allons-nous définitivement opter pour la recherche du bouc-émissaire ou choisir plutôt la participation collective et unanime de tout citoyen à la cause nationale ? Le choix que nous ferons décidera en effet de notre sort. Cette transformation sociétale n'est pas éloignée de notre propre transformation. Le vrai changement ne saurait s'opérer s'il n'y a pas de corrélation avec un profond changement de l'homme. Changer le monde, le révolutionner, c'est avant tout, changer son monde intérieur, c'est faire sa propre révolution humaine. L'un ne va pas sans l'autre. Négliger un seul de ces deux aspects, c'est avancer à cloche pieds, donc à l'aveuglette.

Eric KPODZRO

Chapitre I

Abandon des illusions

Replis sur soi

Elle n'est pas la solution,

Face au flux migratoire,

Elle n'est pas la solution,

Face au chômage dans le pays,

Elle n'est pas la solution,

Face au terrorisme sans cesse croissant,

Elle n'est pas la solution,

Face à la peur de l'autre.

C'est une réaction instinctive de survie,

C'est la réaction à une action quelconque,

C'est l'illusion d'être en sécurité,

C'est donner l'impression de régler le problème,

C'est stigmatiser cet autre qui n'est qu'un autre moi-même.

Le repli sur soi est un leurre,

Car on lutte contre le chômage en créant de l'emploi,

En allant vers l'autre, on le découvre autrement,

En étant solidaire, le terrorisme prend la fuite,

En comprenant l'immigration,

Nous nous mettons à la place de l'immigré.

Non, le problème ne vient pas de l'autre,

Il est bien là avant et sera là après.

Qui ne souhaite pas vivre en sécurité ?

Qui ne veut pas vivre libre et heureux ?

Chaque être vivant rêve du mieux-être,

Et quiconque a, en son sein cette aspiration,

Ne peut, par son voisin, se voir blâmer.

Renouer les liens

Les familles volent en éclat,

En leur sein, plus aucune entente.

La discorde règne partout,

Foulant aux pieds ce qui était jadis le socle,

Et la base sur laquelle tout reposait.

Renouer les liens,

Afin que dans nos demeures, règne la paix,

Et que les familles, ces havres de paix,

Ne soient pas à jamais disloquées.

Nous sommes unis par un lien sacré,

Qui ne saurait être détruit ni bafoué.

La paix commence dans ce noyau : la famille

Qui est une société en miniature.

La famille est belle certes,

Mais jamais sans le respect de tous ces composants.

Indispensable est le rôle de chacun,

Petits et grands y ont leur place,

Et trouvent la sève de leur croissance,

Dans ce lien qui les unit.

Innovation

Du vieux vin dans une poutre neuve,

Quelques minutes après,

La poutre se brise,

Car le mélange de ces deux éléments ne peut se faire,

Sans que le contenant se casse en mille morceaux.

L'innovation est une aventure,

Qui exige courage et persévérance,

Un peu d'imagination aussi,

Pour réussir un petit quelque chose,

Quand elle se fait rare.

L'innovation s'oppose à la stagnation

Tout liquide qui stagne longtemps,

Comme l'eau, devient nauséabonde.

Au contraire, quand elle est sans cesse actualisée,

Elle devient limpide et claire.

Telle est aussi l'innovation,

Elle apporte joie et fraîcheur,

Même les choses anciennes reprennent couleur,

L'harmonie refait surface,

Et l'on éprouve un grand plaisir,

A être ensemble.

Main tendue

Qu'est-ce qui peut nous être encore profitable,

Dans cette tension sans cesse accrue ?

Ce qui est dans l'ordre du souhaitable,

C'est la possibilité d'une main tendue.

Pas dans une attitude de persécuté,

Ou appartenant seulement,

A une quelconque communauté.

La main tendue est un accord,

D'où sortira quelque chose de fécond,

Sa réussite se prépare en amont,

Pour prétendre battre le bon record.

La main tendue est ce regard,

Porté sur mon semblable,

Afin qu'il trouve réponse à ses interrogations.

Loin de toute complaisance,

Elle est plutôt un secours,

Que celui à qui cela est adressé,

Se base pour rebondir

Elévation

Comme s'il s'écrasait continuellement,

Sous le poids de sa destinée,

Comme si une fois tombé,

Il ne pouvait jamais se lever,

Comme si une fois sorti de la matrice de sa mère,

Il serait voué à une vie misérable.

Mais erreur !

Il s'élève et fait tort,

A toutes prophétisassions.

Il montre le contraire de ce qui est prescrit,

S'élevant au-dessus du normal,

Il piétine toutes entraves,

Se trouvant sur son chemin.

Il prône la hauteur et la gravité,

A quiconque le côtoie,

Force et vigueur lui tiennent compagnie.

Le jeu de la mouette

Aux abords des côtes fluviales,

Une mouette se posa,

Sur l'un des rocher se trouvant si près,

Cherchant peut-être à attraper,

Le plus téméraire des poissons,

Pour enfin calmer sa faim.

D'un seul coup, je la vis s'envoler,

Tout droit devant elle avança,

Puis, l'instant d'après,

Plonger de toute sa force,

Elle ressortit avec sa proie dans le bec.

Tout est parti d'une décision,

Celle de ne point mourir de faim,

Puis s'en est suivie l'action,

D'une efficacité déconcertante.

Le résultat fut un exploit.

Alors, je compris désormais,

Que tout commence par la décision,

Suivie d'une forte action,

Alors la victoire est assurée.

Le nécessaire

Ce qui est nécessaire,

Peut paraître non important.

Ce qui est nécessaire,

Est souvent mis de côté pourtant.

Nous passons le plus souvent,

À côté de ce qui nous est utile.

Nous nous éloignons de l'objet,

De notre recherche,

Et nous nous égarons

Toujours plus loin de notre but.

Savoir ce qui est nécessaire,

Tout faire pour le réaliser,

Participe à notre croissance,

Et garantie notre épanouissement.

Réservoir

Il n'est pas encore plein,

Et je me refuse de le voir à moitié vide.

Mon réservoir regorge de beaucoup de choses,

D'une utilité insoupçonnable.

Il n'est pas vide,

Non, il n'est pas vide du tout,

Il n'est pas totalement plein non plus,

Mais petit à petit se remplit.

C'est un réservoir précieux,

Contenant de nombreux joyaux,

Alors je le garde délicatement,

Afin qu'il ne se brise.

Retournement

Destiné à mourir idiot,

Le voilà plus intelligent que tous.

Appelé à goûter au pain noir du chômage,

Le voilà président d'une entreprise internationale.

Condamné à périr en exil,

Le voilà prix Nobel de la paix.

Destiné à vivre et mourir seul,

Le voilà en couple et entouré de ses enfants.

Condamné dans le plus grand isolement,

Le voilà rayonnant et acclamé de tous,

Tel est ce qu'on appelle retournement.

Il est toujours possible de vivre une situation,

Qui ne laisse aucune perspective,

Et que tout d'un coup,

S'opère un basculement.

C'est l'hiver se transformant en printemps,

Ou le poison devenant remède,

Grâce à la vertu et la puissance de la vie,

Sans ignorer la volonté de l'être.

Voile

Tout est opaque,

Tout est sombre,

Tout est voilé,

Le proche devient lointain,

Le connu devient inconnu,

Le stable laisse place à l'instable,

La sécurité à l'insécurité,

Et l'amour à la haine.

Hélas ! La confusion est partout présente,

Accentuant le malaise régnant.

Que tombe le voile,

Grâce au pouvoir de l'amour.

Que cesse le sentiment d'insécurité,

Grâce au fort désir du vivre ensemble.

Que cesse le repli sur soi,

Grâce au retour à l'altérité,

Et que règnent partout joie et paix.

Abrogation

Elle est à abroger,

Cette peur qui me rend incapable,

D'aller au-delà de mes limites.

Elle est à abroger,

Cette haine née de préjugés inexpliqués,

Qui fait que jamais je ne serai heureux.

Il est à abroger,

Ce mépris de l'autre,

Qui enferme autrui dans des cases étroites.

Il est à abroger,

Ce mal être qui m'empêche,

De vivre libre tout en savourant le présent.

Elle est à abroger,

Cette ignorance voilée,

Poussant au déni de ma propre existence.

Oui, elle est à abroger, absolument.

Arrachée à la racine,

La cause du malheur,

Peinera bien à proliférer,

Et laissera le champ libre,

Aux amoureux de la vie.

Vivez libres

Elle est inhérente à chaque vie,

Invincible doit-elle rester.

Mais que voit-on aujourd'hui ?

La peur règne dans nos cœurs,

Accentuant la haine et le rejet d'autrui,

Et rendant non paisible l'existence.

A tous ceux qui sont oppressés,

Je proclame : vivez libres !

L'intranquillité ne saurait nous envahir,

Et le rejet de l'autre est encore moins la solution.

Vivez libres et heureux,

Sur cette terre des humains.

Si nous acceptons que l'homme soit écosystème,

Jamais séparé de l'autre ni de son environnement,

Si cette inséparabilité est vécue et respectée par tous,

Nous pouvons vivre cette vie-là.

Vivons libres et heureux,

Oui, elle est possible si nous le voulons,

Car rien ne peut enfermer le vouloir.

La volonté brise toutes les chaines existantes.

Nos richesses

Quelles sont nos richesses ?

Est-ce cette villa et cette voiture de luxe ?

Quelles sont nos richesses ?

Est-ce les milliers d'euros se trouvant dans nos coffres forts ?

Quelles sont au juste nos richesses ?

Est-ce notre statut élevé ?

Rien de tout cela ne constitue notre richesse.

Ce sont plutôt nos amitiés sincères,

Capables de rompre toute chaîne nous emprisonnant.

Elles sont cette force qui nous meut,

Et fait que nous tenons toujours debout,

Elles sont ce lien entre humain,

Qui se tient sur un fil très fin,

Pouvant se briser en quelques instants.

Nos richesses sont ce qui nous unit,

Et fait que nous sommes plus forts,

Affrontant avec aisance l'adversité.

Libération d'énergie

Ce qui fait notre handicap,

Est loin d'être la diversité,

Ce qui freine le développement,

N'est pas distant de la catégorisation des individus.

Ce qui nous fait stagner,

Est la non utilisation de multiples atouts,

Non reconnus ou négligés.

La libération de nouvelles énergies,

Passe par la reconnaissance des potentiels,

Sommeillant en chaque jeune,

Qui n'attendent que d'être exploités.

Hélas ! ils sont étouffés,

Enfermés dans des prisons à vie.

Quelle grande erreur !

Libérer l'énergie de la jeunesse,

C'est reconnaître la richesse,

Qui sommeille en elle,

Jamais explorée et pourtant existante.

Libérer l'énergie de la jeunesse,

C'est permettre l'expression individuelle,

De cette force quasi puissante,

Qui pourrait effrayer,

Quiconque manque de vision.

Chapitre II

Retour à soi

Crispation

Des dents craquantes,

Des mains difficilement mouvantes,

Des pieds tremblants,

Je me sens étrange.

Sans raison aucune,

Je me vois priver de force.

Aucune vie ne donne signe,

Aucune émotion n'émane de ce vide.

Alors je me dis : pourquoi ?

Pourquoi demeurer ainsi ?

Pourquoi vivre dans ce déni ?

Pourquoi cette crispation ?

A chacun d'en juger.

La pause

A force de courir dans tous les sens,

On finit par se fatiguer.

Le corps est cet organisme,

Constitué de plusieurs éléments,

Qui exigent le respect.

Quand par moment,

Je ne l'écoute pas,

Quand, au lieu de me reposer,

Je navigue à vau l'eau,

Au summum de la fatigue,

Violemment, réagit le corps :

Arrêt de tout mouvement.

Je fais une pause,

Longue ou courte, je ne sais,

Bénéfique peut-être le serait-elle,

Mais pause nécessaire.

Prendre le remps de s'écouter,

Ecouter son corps pour mieux réagir,

Mieux réagir afin de mieux être,

Pause posée, d'office,

Et à nouveau, le corps revit.

Sauveurs de vie

Ils étaient tous jeunes,

Ils allaient et venaient,

Tout souriants et détendus.

Ils venaient me voir,

M'expliquant le protocole,

Me rassurant et,

Avec délicatesse, s'occupaient de moi.

Quelques heures seulement,

Et me voilà sur le bloc.

Quelques minutes seulement,

Le sommeil me prit,

Mais à côté de moi, mes sauveurs étaient là,

Disposant à leur guise de mon corps,

J'ignorais ce qu'ils feraient de moi.

Inconscient, je l'étais,

Endormi jusqu'au lendemain.

Puis, au réveil,

Souffrant des points de suture

Dues à l'opération de la veille,

La péritonite avait sévi,

Heureusement, je m'en suis bien sorti.

Mission accomplit, grande gratitude.

Toi et moi

Venus d'ici et d'ailleurs,

Nous étions de parfaits inconnus,

Dont les routes se sont croisées,

Et nos regards n'étaient point indifférents.

Venus d'ici et d'ailleurs,

Nos cœurs se sont parlés,

Non pas un langage courant,

Mais celui de l'amour.

Par un jour de pluie,

Nous nous sommes dit « OUI. »

Des témoins par milliers,

Nous acclamèrent,

Et, tout heureux comme nous,

Attestèrent de notre union,

Comme le grand signe,

D'une belle histoire commençante.

Main dans la main

Nous marchons vers la lumière,

Conscients des défis qui nous attendent,

Mais nous étions mus par une indéfectible force.

Main dans la main,

Nous marchions vers la lumière.

A deux, nous sommes plus forts,

A deux on va plus loin,

Et, de nos malheurs, nous rions facilement.

Hospitalisé

Je ne l'ai pas vu venir,

Tapis du côté droit de mon abdomen,

Creusant et bêchant,

A la recherche de la moindre vitalité.

Par négligence ou arrogance,

Je ne l'ai pas vu venir,

D'un coup, elle m'assomma,

Et eut raison de mon corps.

Je m'écroulai comme un petit enfant,

Et me retrouvai aux urgences.

Le diagnostic est posé : sacrée péritonite.

Une intervention s'impose,

Des hommes en blues m'entourent,

Pour sauver cette vie qui est mienne.

Anesthésié, je m'endormi,

Je ne me réveillai qu'au lendemain matin,

Trois points au ventre et en perfusion.

Incapable de bouger,

Rire m'était pénible,

Tousser m'était douloureux,

C'est une pause nécessaire,

Dans la vie d'un être.

S'arrêter pour s'observer,

S'observer pour mieux se connaître,

Se connaître et reconnaître ses failles, peut-être.

Car c'est par ce moyen,

Que les plus graves accidents sont évités.

Je compris une chose,

Que le meilleur médecin,

Ne sera personne d'autre que soi-même.

Immobile

Allongé pour cause de maladie,

Mon esprit vagabonde,

Incapable de bouger.

Léger est pourtant mon mental,

Il survole l'éther et revient,

En un éclair saisissant le tout.

Mais mon enveloppe affaiblit,

Ne peut rien contenir.

Immobile, tel un mourant,

Il divague de-ci de-là,

Cherchant éperdument un calmant,

Qu'il ne trouve nulle part,

Excepté le reflet des blues blanches.

Perte de contrôle

Mon bateau ne m'appartient plus,

Cela fait plus d'une semaine,

Que le navire m'échappe.

J'ai l'impression de perdre le contrôle,

Je vis sans idée claire.

Ne sachant plus exactement ce qui peut me plaire,

Ni ce qui d'ailleurs me dégoûte.

Comme une herbe sèche,

Je suis mené par le vent,

De gauche à droite,

Incapable d'opposer la moindre résistance.

Qui donc est à la barre ?

Est-ce vraiment moi ?

Plus d'une idée me traverse,

Mais je décide de faire confiance.

J'opte pour la vie,

Car un seul jour de vie,

Est l'équivalent de mille.

Alors c'est avec zéro regret,

Que je décide de poursuivre,

Cette aventure appelée « Vie. »

L'étendue

L'étendue, est-elle vaste et sans limite ?

Nous la voyons d'une certaine façon,

Pourtant, non quantifiable et infinie,

Sont les termes qui lui conviennent.

Sur des kilomètres, la mer s'étend,

Contenant mille et une richesse.

Semblable à une vie,

Elle est sans limite,

Dotée des potentialités sans fin.

Chercher à la réduire,

C'est ne voir qu'une seule partie

Qui compose ce grand tout.

La terrasse

Le bienveillant rayon de soleil,

Pénétrant les pores de ma peau ébène,

Me procure un indicible bienfait.

Un verre de rosé sur la table, posé,

De son goût exquis me délectant,

Je couche dans une extase, les vers,

Sur ma feuille sans cesse noircie.

Au-dessus de ma tête,

Le ciel bleu teinté de quelque chaleur,

Me donne une sensation de bien-être,

Alors, avec une joie indicible, j'écris des vers,

Encore et encore.

Les vagues

Elles arrivent toujours, les vagues,

Ce sont elles qui forment la mer,

Sans elles, le grand bleu n'existerait pas.

Elles arrivent toujours, avec force et vaillance,

Donnant   à la mer sa puissance.

Les vagues sont la vie de l'océan,

Les vagues sont sa force vive,

La mer se meut grâce à elles.

Ainsi , chaque vie est-elle meublée de vagues,

Vagues qui symbolisent le défi,

Défi sans lequel la vie est sans goût.

Vagues de la mer,

Défi de l'existence,

Eléments indispensables,

Sans eux, l'existence est privée de sens.

Au bord de l'eau

Ecouter la musique émanant de la mer,

Ce bruissement mêlé de chant divin,

Qui vient calmer angoisse et chagrin,

Et procure joie et satisfaction.

Au bord de l'eau,

Je savoure calme et sérénité,

Nulle place à l'ambiguïté.

Au bord de l'eau,

Il m'est permis de m'évader,

Mon esprit trouve l'élément nécessaire,

Qui lui permet de créer.

Au bord de l'eau,

J'ose croire encore en la vie,

Essayant de la meubler de multiples façons,

Afin de la rendre toujours plus agréable.

Au bord de l'eau,

Je fais le vide autour de moi,

Essayant de me frayer un nouveau chemin,

Ma vie est désormais remplie d'espoir.

Le lointain

Obligé de lever la tête,

Afin de voir plus loin,

Je me pose près de l'océan.

Et, écoutant la musique des flots,

Qui viennent se fracasser sur la plage,

Je ne pense qu'à une seule chose : voir le lointain.

Essayer de s'en approcher,

Telle est l'unique pensée qui m'anime.

Se projeter vers l'avenir,

Oser croire aux lendemains meilleurs,

Tout en ayant les pieds,

Bien ancrés dans le présent,

Telle est ma volonté.

La plus grande valeur

Sans cesse, que cherchons-nous ?

Au juste, que voulons-nous ?

Car en ouvrant les yeux,

En essayant de percer le réel,

Pour y voir clair,

Certaines choses se laissent apercevoir.

Mais alors que voit-on ?

Que la vie est la plus grande des valeurs.

Une seule journée de vie,

Est l'équivalent de millier d'ors,

Avoir la vie, quelle grande richesse !

Droit inviolable de tous citoyens,

Qui nous dote d'un absolu devoir :

Celui de la protéger.

Elle est de la plus grande valeur,

Toute vie, qu'elle soit animale ou humaine,

Qu'elle soit sensitive ou non sensitive,

Est plus précieuse que toutes choses.

Elle est à préserver coûte que coûte,

Protéger sa vie, c'est protéger la « VIE »

C'est donc la magnifiée encore et encore.

Chapitre III

Le défilé des courtisans

Tous candidats

Ils vont et ils viennent,

Les prétendants au siège présidentiel,

Déployant force et conviction,

Cherchant à convaincre et à plaire,

Quelle drôlesse de compétition !

Ceux-ci viennent jouer aux victimes,

Ceux-là arrivent pour critiquer les autres,

Sans oser faire une seule proposition,

Qui soit valable.

Ces prétendants au siège présidentiel,

Se manquant mutuellement de respect,

Quel modèle nous montrent-ils ?

Les uns désignent l'ennemi : l'étranger,

Les autres souhaitent le repli sur soi,

Les autres encore le nationalisme suprême.

Mais où est la meilleure voie ?

Peut-être nous faudra-t-il des loupes et de l'esprit pour y voir clair.

Indécis

Nous vous avons tant écouté,

Vous vous êtes tellement occupés de nous,

Que nous ne savons plus quel choix faire.

Le jour fatidique n'est plus loin,

Et pourtant rien n'est clair.

Le jour fatidique n'est pas loin,

Et pourtant nul ne sait,

Pour qui se pencher.

Tout est confus et diffus,

Quand serons-nous décidés ?

Quand serons-nous en mesure de choisir ?

La confusion est partout totale,

Mais la nuit appelle le jour,

Faisant naître une lueur d'espoir.

Vaines critiques

Je suis meilleur que toi,

Tu es incapable en ceci ou en cela,

Moi je suis le mieux qualifié,

Et le tableau se noircit toujours plus.

Mais n'oublies-tu pas la chose

 La plus importante :

Celle de nous présenter ton projet ?

Ce que tu proposes pour notre pays,

Comment vas-tu t'y prendre ?

Comment amélioreras-tu nos trains de vie ?

Contrer la pauvreté partout naissante ?

Détériorer le terrorisme dans tous les coins et recoins ?

Messieurs les candidats,

Sortez de vos vaines critiques,

Et faites-nous une proposition claire,

Hélas, ma voix leur est inaudible,

Ils préfèrent se critiquer,

Trouvant quelques choses à redire,

Au lieu de nous montrer ce qu'ils proposent comme solution,

Ah, pauvres bêtes à concurrence.

Rêveries

Les yeux posés sur le monde actuel,
Et l'on ne voit que chaos et violence,
Haine et mépris prennent le contrôle,
Et la vie humaine semble insupportable.

Et pourtant je rêve,
Que tout cela ne durera pas,
Qu'un jour viendra,
Où le loup et l'agneau vivront ensemble,
Où le chevreuil paîtra paisiblement,
Sous le regard bienveillant du roi lion.

Je rêve de ce monde,
Où l'on ne cherchera plus un bouc émissaire,
Afin de justifier sa soif de vengeance.

Je rêve de ce monde,

Où il n'y aura plus de victimes,

De toutes formes de barbarie.

Oui, je rêve vraiment de ce monde,

Où la pluie ne détruira pas,

La plus petite motte.

Nous vivrons alors ensemble,

Dans l'amour et la paix,

Oui, ce temps est déjà arrivé.

Tentative

Nos regards se sont croisés,

Mais aucun échange ne fut possible.

Nous habitons le même immeuble,

Mais nous ne nous connaissons point.

Nous montons chaque jour dans le même bus,

Mais jamais nous ne saluons le conducteur,

Et ce n'est la faute à personne.

Nous sommes tous concernés,

Tentative : c'est l'unique solution.

Il est un effort à fournir,

Pour désamorcer une situation difficile,

Oser échanger avec la personne en face,

Oser faire le pas vers l'autre,

Être le premier qui franchit le cap,

Faire le pas qu'il faut,

Et voilà que tout rentre en ordre,

Et voilà que la crainte et la haine,

Disparaissent pour toujours,

Laissant place à la compréhension mutuelle.

La preuve

Alors que nombre de personnes,

Excellent en verbe et parole,

Et que la foule les acclame,

Je préfère voir les preuves,

Car elles parlent mieux,

Que les belles phrases.

Vous autres aimez parler !

Moi je préfère acter.

Car seuls les actes valident

Les pensées les plus profondes.

Quant aux belles paroles,

Elles s'envolent,

Pire encore, nous les oublions.

Eclat

Fulgurant est cet éclat,

Bouleversant sont les us et coutumes,

Saisissant est ce qui en émane.

Il est d'un éclat vivifiant,

Pénétrant les plus obscurs endroits,

Rendant accessible leur pénombre.

Cet éclat vient de l'éducation,

Lumière diffuse de l'instruction,

Elle est la seule qui vaincra,

Toutes forces obscures réunies.

L'ambiguïté

Que de propositions,

Qui nous mettent en opposition.

Ils croyaient nous éclairer,

Plus que jamais nous sommes embarrassés.

Rien n'est clair,

Tout est sens dessus-dessous,

Nous pataugeons dans la marre aux idées.

Qui saura nous éclairer ?

Au lieu de parler de soi,

Il nous parle de l'autre,

Le critiquant et le ridiculisant.

Mais cet autre ne fait pas mieux,

Il en fait autant et, parfois pire,

Nous laissant dans une confusion telle,

Que nous ne pouvons voir clair.

L'ambigüité est à son comble,

Chacun y trouvera son compte,

Et tant pis pour les simples d'esprit.

La clarté

Ne m'embrouille plus !

J'ai besoin de clarté,

Dans cette grande obscurité.

Je suis sur la bonne voie,

Ne cherche pas à m'en éloigner,

Je peux mal réagir.

Laisse-moi continuer sur ce chemin,

Car c'est celui que j'ai choisi.

Avant j'étais indécis,

Maintenant, je vois autrement les choses.

Il est donc vrai que,

Quand le ciel est clair,

La terre devient visible.

Comédiens

Chacun joue un rôle,

Susceptible de nous plaire peut-être.

Comédiens pour les uns,

Dramaturges pour les autres,

Ils passent sur la scène,

Dévoilant avec brio leur talent.

Ils ne nous font pas rire,

Ils ne sont pas drôles du tout,

Ils sont plutôt inquiétants.

A cause de leur numéro.

Ils sont plutôt repoussants,

Car par rien ils nous attirent.

Alors nous sortons,

La salle devient tout d'un coup vide.

Et de bouche à oreille,

L'on se passe le mot secret :

Plus jamais ça !

La vraie face

Regarde - le attentivement !

Afin de voir ce qu'il cache,

Au plus profond de son cœur.

Scrute-le dans tous les sens !

Jusqu'à ce que rien ne t'échappe.

A ton plus grand étonnement,

La vraie face de cet imposteur,

En plein jour, se révèlera à toi.

Et il ne pourra plus se dissimuler,

Et il ne pourra plus se sauver.

L'ayant démasqué, il cherchera à fuir.

L'ayant démasqué, affaiblit deviendra-t-il.

Sa vraie face est la malhonnêteté,

Sa vraie face est la manipulation.

Alors ami, résiste-lui !

Jusqu'à ce qu'il se rende.

Vigilance

Elle est une arme secrète,

Qui te sortira de tous les pièges,

Elle est une incontournable aide,

Si tu sais en faire ton alliée.

Dans ce monde de plus en plus instable,

Où tout paraît bras dessus bras dessous,

La vigilance est ce soutien,

Dont nous avons le plus besoin.

Elle est semblable à une armure,

Nous protégeant de l'assaillant,

Et de tous ses assauts.

Elle est un rempart,

Contre toute mauvaise surprise.

Être vigilant,

C'est prévenir de mille dangers.

Être vigilant,

C'est faire un grand pas vers la victoire.

Mythomanie

D'un air gentil, il s'approche,

D'un seul bond il m'accroche,

De sa bouche coulent de belles paroles,

Dans l'intention d'obtenir son obole.

Il y parvient souvent.

Car d'honnêtes gens ne sont pas au courant,

Que celui qui se tient devant eux,

Est passé maître en fait de mythomanie.

Usant de tous manèges,

Suscitant parfois acclamation,

Il arrive à ses fins,

Laissant dans le plus grand désarroi,

Les victimes de ses manigances.

Tous sincères ?

Je cherche par toutes les ruelles,

Une petite trace de toi,

Mais rien ne se laisse apercevoir.

Tout est désert,

Dans ce coin rempli de vipères.

Je les croise par monts et par vallées,

Mais aucun ne mérite,

La moindre attention.

Ce qui vient à l'esprit,

Est cette unique question :

Sont-ils sincères ?

La fourberie est partout foisonnante,

Telle un trophée, elle s'érige en reine

Faisant des héritiers qui, sans vergogne,

S'élancent sur la scène,

Avec pour seul slogan : à nous d'abord.

Sont-ils sincères ?

A chacun de répondre.

Avoue-le !

Avoue-le que tu n'as pas tout essayé,

Que tu n 'as pas fait tout ce dont tu es capable.

Avoue que tu n'as pas livré,

Tout le savoir dont tu disposes.

Car si tu faisais tout ce que tu pouvais,

Si tu mettais un peu d'effort dans ce que tu
faisais,

Le monde entier serait subjugué,

On serait étonné de ta prouesse.

Ah si tu savais donner le meilleur de toi,

Si tu savais moins parler et beaucoup écouter et
travailler,

Alors l'univers entier ferait mention de toi,

Et tu serais surpris de tes exploits.

Avoue-le ! que le meilleur est à venir,

Avenir que tu n'as pas fini,

Agréablement de te surprendre et nous avec.

L'acclamé

On s'en rappel de celui qui, jadis,

De Galilée fut acclamé avec des rameaux.

On s'en rappel, qu'il a suffi de quelques jours,

Pour qu'il soit condamné par les mêmes qui,

La veille, l'avaient acclamée : Hosanna !

C'est une grande leçon pour nous autres humains,

Ceux qui, aujourd'hui t'acclament,

Seront les mêmes qui, demain te jetteront la première pierre.

Le déchu

Il est venu trop fier,

Il est reparti très affaibli.

Il a pris de grands chevaux pour nous causer,

Il a ignoré ses pieds pour s'enfuir.

Fallait-il autant tambouriner ?

Fallait-il tout ce cinéma ?

Déchu tu es, perclus tu seras,

A qui la faute ? qui condamner ?

Personne, si ce n'est toi,

Personne, sinon ton orgueil.

Le déchu a perdu pieds,

Faute de mauvais calculs.

Le plus détestable

Tu nous as promis,

Toutes les merveilles du monde,

Pourquoi t'avons-nous cru ?

Tu es venu à nous en agneau,

Tu t'es révélé un loup redoutable.

Pourquoi nous nous sommes fait avoir ?

C'est tout déguisé,

Que nous t'avons connu,

Ta vraie nature nous était inconnue,

Alors que tu étais un imposteur.

Mais le plus détestable, ce n'est pas toi,

Le plus détestable, c'est moi, c'est nous,

Car nous nous sommes fait embobiné,

Et pour cause : notre grande ignorance.

Abandonné

Je me sens plus que jamais abandonné,

Non par toi ni par lui,

Je me sens par moi abandonné,

Car je me suis éloigné de moi-même.

De mon être, je suis loin,

Au point où je ne me sens plus être.

Comment cela est-ce possible ?

Alors, je reviens à moi,

Posant un regard bienveillant,

Sur ma personne.

Car, si je ne le fais, personne ne le fera.

Si je m'oublie, ce n'est pas autrui qui prendra soin de moi.

Abandonné, je l'étais,

Maintenant, je reviens à moi,

Et non sans jouissance.

C'est avec délice et extase,

Que je me redécouvre.

Ebullition

De la surchauffe partout,

Chaque endroit subit cet état,

Non loin de l'ébullition.

Nous aimons tous le beau temps,

Mais quand la chaleur est trop importante,

Nous commençons à chercher la fraîcheur.

L'ébullition fait rage,

Et nous confine dans le repli,

Quiconque lui résiste, risque de fondre,

Semblable à la neige au soleil.

Quand il y a ébullition,

Vaut mieux changer de stratégie.

Le vote

On me dit qu'il est un devoir citoyen,

Je dis qu'il est un droit humain.

On me dit que pour changer les choses,

Il faudrait s'exprimer dans les urnes,

Je dis qu'il en faut plus,

Et savoir pourquoi je fais ces choses-là et non d'autres.

Sans saisir son sens profond,

Cet acte hautement citoyen,

Perd toute sa valeur, devenant désuet et privé de sens.

On me dit que tout par de moi,

Et que ma vie compte.

Je dis qu'il est temps d'agir,

Afin que bouge le pays.

Election

Elle a eu lieu,

Et la satisfaction est donnée aux curieux.

Elle a eu lieu,

Et maintenant nous avons un Président.

Pour autant, nos maux ont-ils une solution ?

La misère a-t-elle disparu ?

Au boulot maintenant !

Et que la donne change !

Le peuple a besoin de preuves factuelles,

Et se tient loin des paroles pompeuses.

Le temps des élections est terminé,

Que viennent désormais les résultats,

Et au plus vite !

M. le Président

Nous vous avons choisi,

M. le Président,

En ces temps de confusion généralisée,

Et vous le savez.

Nous vous avons choisi,

M. le Président,

Pour sortir le pays de la crise.

Nous vous avons choisi,

M. le Président,

Pour faire régner la sécurité dans le pays,

Et vous le savez.

Nous vous avons choisi,

Afin de faire face à la misère régnante,

Et vous le savez.

Nous vous avons choisi,

Pour faire renaître la confiance,

En nos institutions et nos politiques,

Et vous le savez aussi.

Alors puissent ces souhaits

Se voir se réaliser !

Sous nos regards médusés.

Alors nous saurons,

Que vos paroles ne sont point vaines,

Alors seulement,

A nouveau, nous vous confierons,

Le sort de notre chère nation,

Sans omettre, à chaque fois, de vous surveiller,

Au risque d'oublier, les nombreux défis auxquels,

Notre pays est confronté.

Bon courage M. le Président !

Nous vous donnons rendez-vous dans cinq ans.

L'action

Après avoir élaboré un plan détaillé,

Il est temps de passer à l'action.

Les paroles deviennent vaines,

Sans les actes qui suivent.

Alors messieurs les élus,

Vous qui représentez notre chère nation,

Nous voulons de bons actes,

Ceux qui améliorent nos vies,

Ceux qui rendent prospère le pays,

Ceux qui nous rendent heureux,

Dans cela, exceller s'il vous plaît !

Telle est notre prière.

Que l'action supplante,

Toute parole futile.

Table des matières